ポット
ブックス

JN082033

保育で楽しむ

どんぐり

落ち葉

まつぼっくり

製作&あそび

チャイルド本社

保育で楽しむ
どんぐり
落ち葉
まつぼっくり
製作&あそび

もくじ

つくろう

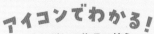

アイコンでわかる！
それぞれの作品に使う
自然物を示しています

ひろってくるもの

どんぐり　　まつぼっくり　　落ち葉

かざろう

あそぼう

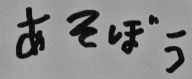

ちょこっと図鑑

いろんな種類がある、どんぐり・まつぼっくり・落ち葉。
特徴を知って、拾ったものと比べてみましょう。

どんぐり みんなの人気者♪ 個性派揃い！

しましま帽子がクール

こなら　　あかがし　　しらかし　　　　　あらかし　　しりぶかがし

大きくて長い

うろこ模様の帽子

　　　　まてばしい　　　　　みずなら

もじゃもじゃの帽子がおしゃれ

かしわ　　　　　あべまき　　　　　くぬぎ

＊このページのどんぐりは、どれも実寸大です。

まつぼっくり

大きいのも
小さいのも
いろいろ！

あかまつ

くろまつ

お花みたいな
形がすてき

からまつ

ひらひらが
エレガント

ゆさん

はりもみ

*このページのまつぼっくりは、どれも実寸大です。

落ち葉

形もいろいろ
色鮮やかで
すてき！

さくら▶

さくら▶

▼いちょう

▼なんきんはぜ

▶くすのき

▼あかしで

◀とうかえで

▼もみじばふう

けやき▶

いろはもみじ

◀とうかえで

◀あきにれ

ゆりのき▶

こなら▶

くぬぎ▲

▶つた

▼かき ▼けやき ▼はくもくれん

▶なんきんはぜ

◀どうだんつつじ

けやき

◀どうだんつつじ ▲にしきぎ

こなら

▶こなら

すべり▼

▲まてばしい

▲つた

◀おおもみじ ▲はなみずき

見つけたのは、どの落ち葉？

*このページの落ち葉は、実寸大ではありません。　7

製作前の準備をしよう!

みんなで拾った自然物。長くきれいに楽しめるように、
こんな処理をしておきましょう!

どんぐり・まつぼっくり

中にいる虫の対処法

方法1
冷凍する

ビニール袋などに入れて、
1週間ほど冷凍庫へ。

方法2
なべで煮る

なべに水といっしょに入
れて、沸騰してから5～
10分ほど煮ます。

＊なべに臭いがつくので
注意しましょう。

こうしておくと
虫が
出てこないよ!

これで
安心!

取り出す

天日干しをして乾かします。

落ち葉

押し葉をするともっときれいな作品に!

1 新聞紙に、ティッシュペーパーに挟んだ落ち葉を置きます。

2 新聞紙を閉じて厚手の本で重石をします。

3 数日おいたらできあがり。

ティッシュ
ペーパー

落ち葉を
置く

＊ティッシュペーパーが湿ったら、
そのつど取り替えましょう。

できた!

つくろう

どんぐりや落ち葉などを使った
秋ならではの製作に、子どもたちもわくわく！
子どもが作る、季節感たっぷりの
楽しい製作アイデアを紹介します。

ペタペタ
貼ろう

封筒で
ポケット形みのむし

案・製作／宮地明子

ひろってくるもの

| どんぐり | まつぼっくり | 落ち葉 |

ほかの材料

小枝、封筒、
色画用紙、ひも

ぶ〜ら
ぶら

point

ポケット部分に入れ
て貼れるので、自然
物が落ちにくい！

落ち葉 がたてがみに
へ〜んしん！

落ち葉ライオン
のお面

案・製作／宮地明子

ひろってくるもの

落ち葉

ほかの材料

小さめの紙皿、折り紙、
丸シール、色画用紙、
輪ゴム

裏側

point

ベルトは、子どもの頭に合わせて、
位置や幅を調節しよう！

葉っぱ水族館

案・製作／アトリエ自遊楽校 渡辺リカ

ひろってくるもの

落ち葉

ほかの材料

丸シール、リボン

作り方

リボン

油性ペンで描く

貼る

貼る

丸シールを重ねる

木工用接着剤で貼る

落ち葉

シールの目がアクセント！

point 目は、色違いの丸シールを重ねて！

作り方 封筒でポケット形のみのむし　[型紙 P64]

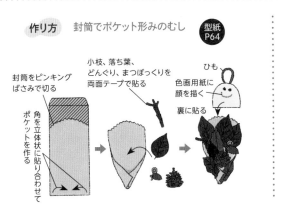

封筒をピンキングばさみで切る

小枝、落ち葉、どんぐり、まつぼっくりを両面テープで貼る

ひも

色画用紙に顔を描く

裏に貼る

角を立体状に貼り貼り合わせてポケットを作る

作り方 落ち葉ライオンのお面　[型紙 P64]

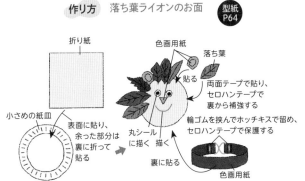

折り紙

色画用紙

落ち葉

貼る

両面テープで貼り、セロハンテープで裏から補強する

輪ゴムを挟んでホッチキスで留め、セロハンテープで保護する

小さめの紙皿

表面に貼り、余った部分は裏に折って貼る

丸シールに描く

描く

裏に貼る

色画用紙

まつぼっくり
てるてる坊主

案・製作／宮地明子

ほかの材料
クリアファイル、毛糸

晴れると
開くよ！

雨の日は閉じてるよ

point

まつぼっくりは、水に
ぬれるとかさが閉じる
性質があるよ！

作り方

毛糸を結ぶ　　　　　穴を開ける

クリアファイルに
顔を描く

巻いて引っ掛ける

まつぼっくり

わいわいミノムシくん

案・製作／上島佳代子

ひろってくるもの

落ち葉

ほかの材料
小枝、厚紙、
色画用紙、毛糸、
マスキングテープ、
画用紙、麻ひも

おしゃれに着飾って♪

まつぼっくり宇宙人

案・製作／アトリエ自遊楽校 渡辺リカ

ワレワレハ宇宙人ダ

モールが宇宙人の耳に！

ひろってくるもの

どんぐり　まつぼっくり

ほかの材料
カラー紙コップ、
柄入り折り紙、
キラキラした折り紙、
色画用紙、画用紙、
キラキラしたモール

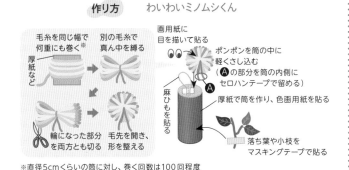

作り方　わいわいミノムシくん

毛糸を同じ幅で何重にも巻く※

別の毛糸で真ん中を縛る

厚紙など

輪になった部分を両方とも切る

毛先を開き、形を整える

画用紙に目を描いて貼る

ポンポンを筒の中に軽くさし込む
（Aの部分を筒の内側にセロハンテープで留める）

麻ひもを貼る

厚紙で筒を作り、色画用紙を貼る

落ち葉や小枝をマスキングテープで貼る

※直径5cmくらいの筒に対し、巻く回数は100回程度

作り方　まつぼっくり宇宙人

画用紙に目を描く

色画用紙

貼る

まつぼっくり

キラキラしたモールを巻きつける

カラー紙コップ　切り抜く

載せる

色画用紙を貼る

細くちぎった柄入り折り紙やキラキラした折り紙を貼る

どんぐりを貼る

いろいろ素材で ぷっくりフェイス

案・製作／アトリエ自遊楽校 渡辺リカ

ひろってくるもの

どんぐり　落ち葉

ほかの材料

小枝、木の実など、
どんぐりやくぬぎなどの帽子、
軽量紙粘土

point
どんぐりの頭を
目に見立てるなど、
バリエーションも
いろいろ！

point
秋色に染まった落ち葉で
髪色も自由に！

自然物を
紙粘土に
埋めたり差したり

point
紙粘土の色を変えると、
個性がひかる仕上がりに！

まつぼっくり人形

案・製作／尾田芳子

ひろってくるもの

どんぐり　まつぼっくり　落ち葉

ほかの材料

小枝、紙筒、色画用紙、
丸シール、折り紙、
マスキングテープ、
段ボール板

まつぼっくりの頭がキュート♪

作り方　いろいろ素材で
ぷっくりフェイス

埋め込む　　くぬぎなどの帽子

小枝　　　　　　　　　どんぐり

木の実

軽量紙粘土　　　小枝　　埋め込む

　　　　　　　　　　　　落ち葉

　　　　　　　　　　　　埋め込む

どんぐりの　　　　　　　絵の具を
帽子　　　　　　　　　　混ぜた
　　　　　　　　　　　　軽量紙粘土

木の実　　どんぐり

※自然物は全て、木工用接着剤を付けてから埋め込む。

作り方　まつぼっくり人形　**型紙P64**

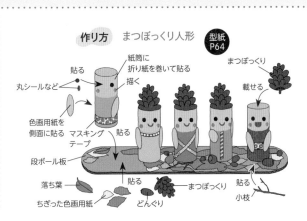

紙筒に
折り紙を巻いて貼る

貼る

丸シールなど　　　　描く

色画用紙を
側面に貼る

マスキング
テープ　　　貼る

段ボール板

落ち葉

ちぎった色画用紙　　どんぐり

まつぼっくり

載せる

まつぼっくり

貼る

貼る

小枝

かぶっても
飾っても
すてき★

シックなブーケで大人っぽく！

point

色画用紙と
小枝のつなぎ目は、
おしゃれな
マスキングテープを
使って。

茎を小枝で
作って、
より秋らしく！

ポンポン付き秋色帽子

案・製作／山下味希恵

ひろってくるもの

落ち葉

ほかの材料
木の実、色画用紙、毛糸、
毛糸のポンポン

落ち葉のブーケ

案・製作／山下味希恵

ひろってくるもの

落ち葉

ほかの材料
小枝、色画用紙、
マスキングテープ、
リボン、柄入り折り紙

落ち葉模様の洗濯物

案・製作／山下味希恵

ひろってくるもの

落ち葉

ほかの材料
色画用紙、綿ロープ、
木製クリップ、OPP袋

point

お気に入りの落ち葉を
透明の袋に入れるだけ。

ゆ〜らゆら 揺れるよ

作り方 ポンポン付き秋色帽子

クレヨンや
絵の具で
模様を描く

色画用紙

円すい状に
貼る

落ち葉や
木の実を
木工用接着剤で
貼る

毛糸のポンポンを
木工用接着剤で
貼る

穴を開けて、
毛糸を通して結ぶ

作り方 落ち葉のブーケ　型紙 P64

落ち葉

内側に貼っておいた
両面テープに、
落ち葉を貼り付ける

色画用紙を
円すい状に
貼る

マスキング
テープを巻く

柄入り折り紙

小枝

リボンを
巻く

作り方 落ち葉模様の
洗濯物　型紙 P65

木製クリップ

綿ロープ

入れる

挟んでつるす

落ち葉

色画用紙

OPP袋を両面テープで貼る

point

ひらひらの落ち葉を
襟にしたり、カットして
ポケットにしたり、
アレンジ自由！

かわいい〜

自然アイテムの
おしゃれさん

案・製作／山下味希恵

ひろってくるもの

どんぐり　まつぼっくり　落ち葉

ほかの材料
木の実など、どんぐりの帽子、
厚紙、マスキングテープ、
カラー羊毛、綿ロープ、
ひも、クラフトテープ、毛糸

作り方　型紙 P65

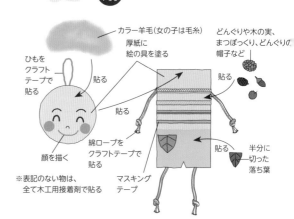

カラー羊毛(女の子は毛糸)
厚紙に
絵の具を塗る

どんぐりや木の実、
まつぼっくり、どんぐりの
帽子など

ひもを
クラフト
テープで
貼る

貼る

貼る

貼る

綿ロープを
クラフトテープで
貼る

顔を描く

半分に
切った
落ち葉

マスキング
テープ

貼る

※表記のない物は、
全て木工用接着剤で貼る

18

りすさんも大好き?! お弁当

案・指導／松田美佳（京都・うりゅう保育園園長）
製作／町田里美

なにから食べようかな〜？

ほかの材料
小枝、軽量紙粘土、お弁当用カップ、
牛乳パック、色画用紙

ひろってくるもの

どんぐり　まつぼっくり　落ち葉

作り方　**型紙 P66**

   ジャーン！

1 縦半分に切った牛乳パックに色画用紙を巻いて、お弁当用カップを入れておき、軽量紙粘土を用意する。

2 お弁当用カップに軽量紙粘土を詰めたら、自由に自然物を埋め込み、乾かす。

3 乾いたら、軽量紙粘土に水性ペンで模様を付ける。

4 フォーク形の色画用紙に名前を書いて貼り、完成。

19

片段ボールをくるくるしたら
ケーキに早変わり！

2段がさねの
どんぐりケーキ

案・製作／藤沢しのぶ

ひろってくるもの

どんぐり　落ち葉

ほかの材料
片段ボール、
色画用紙、レースペーパー

作り方

色画用紙を三角に折り、
絵を描いて貼る

巻いた片段ボールを
重ねて貼る

片段ボールを巻いて
端を貼り留める

どんぐりを
貼る

落ち葉を貼る

秋色トッピングのアイス

案・製作／宮地明子

ひろってくるもの

どんぐり　まつぼっくり

ほかの材料
小枝、木の実など、
軽量紙粘土、紙のカップ、
マスキングテープ、色画用紙

トッピングが
楽しい♪

point

軽量紙粘土に絵の具を混ぜる
ところから挑戦してみよう！

けんた

小枝ろうそくの
ミニバースデーケーキ

案・製作／山下味希恵

ひろってくるもの

どんぐり　まつぼっくり

ほかの材料
小枝、木の実など、
どんぐりの帽子、
カラー紙粘土、フェルト、
カラー羊毛、アルミカップ

フェルトと羊毛であたたかく！

作り方　秋色トッピングのアイス

木工用接着剤を
付けて詰める

紙のカップ

マスキングテープ

木の実など

絵の具を混ぜた
軽量紙粘土

小枝
木工用
接着剤を
付けて
入れる

まつぼっくり

どんぐり

色画用紙
けんた
書く

貼る

作り方　小枝ろうそくのミニバースデーケーキ

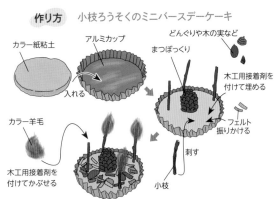

カラー紙粘土

アルミカップ

入れる

どんぐりや木の実など

まつぼっくり

木工用接着剤を
付けて埋める

フェルト
振りかける

カラー羊毛

木工用接着剤を
付けてかぶせる

刺す

小枝

上下に、赤や黄、茶色の帯を貼って、
秋色に彩ろう！

手形のスタンプが木に！

手形と葉っぱの
タペストリー

案・製作／山口みつ子

ひろってくるもの

落ち葉

ほかの材料
画用紙、色画用紙、
麻ひも

point

手のひらにまんべんなく絵の
具を塗ってから、指を開くよう
にして押そう！

保育者が上から
指を押さえると、
きれいな形に

ハタハタ葉っぱ

案・製作／アトリエ自遊楽校 渡辺リカ

ひろってくるもの

どんぐり　落ち葉

ほかの材料

小枝、フェルト、リボン

point

貼るときは、木工用接着剤をたっぷり付け、押しつけるようにして接着させよう。

葉っぱの模様のカラフルガーランド♪

作り方　手形と葉っぱのタペストリー

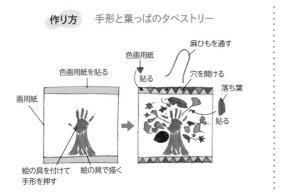

色画用紙を貼る

色画用紙貼る

麻ひもを通す

穴を開ける

落ち葉貼る

画用紙

絵の具を付けて手形を押す

絵の具で描く

作り方　ハタハタ葉っぱ

型紙 P66

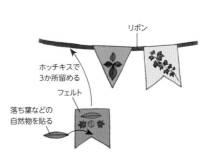

リボン

ホッチキスで3か所留める

フェルト

落ち葉などの自然物を貼る

秋のナチュラル壁飾り

案・製作／藤沢しのぶ

ひろってくるもの

どんぐり　落ち葉

ほかの材料

小枝、段ボール板、
色画用紙、
リボン、画用紙

小枝で仕上げる
壁掛け飾り

案・製作／くまがいゆか

ひろってくるもの
どんぐり

ほかの材料
小枝、段ボール板、
ひも、小石

貼ったり
描いたり
刺したり～♪

point

段ボール板の隙間の穴は、
小枝を刺すのにぴったり！

作り方　秋のナチュラル壁飾り

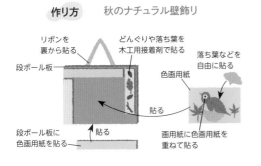

リボンを
裏から貼る

どんぐりや落ち葉を
木工用接着剤で貼る

段ボール板

色画用紙

落ち葉などを
自由に貼る

貼る

段ボール板に
色画用紙を貼る

貼る

画用紙に色画用紙を
重ねて貼る

作り方　小枝で仕上げる壁掛け飾り

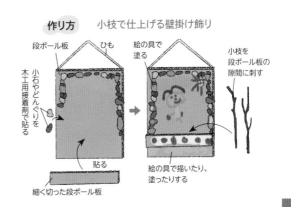

段ボール板　　ひも

絵の具で
塗る

小石を
段ボール板の
隙間に刺す

小石やどんぐりを
木工用接着剤で貼る

貼る

細く切った段ボール板

絵の具で描いたり、
塗ったりする

ぼくが
作ったのは
これ！

みんなで作った
秋の押し葉を
おしゃれにアレンジ

押し葉の
透かしつり飾り

案・製作／町田里美

ひろってくるもの

落ち葉

ほかの材料
画用紙、リボン、ボンテン

作り方

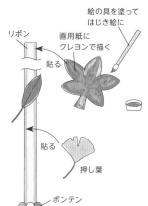

型紙
P66

リボン

絵の具を塗って
はじき絵に

画用紙に
クレヨンで描く

貼る

貼る

押し葉

ボンテン

木の実や小枝の
ユニークキャラ

案・製作／丸林佐和子

point

子どもたちが自由に
落ち葉や小枝、木
の実などを貼るよ。

段ボール板に
包装紙を貼って、
ベースを作っておこう。

ひろってくるもの	ほかの材料

どんぐり　　落ち葉

ほかの材料
小枝、木の実など、
麻ひも、包装紙、
段ボール板（台紙用）

point

裏に麻ひもを貼ってつないで
オーナメント風に！

みんなが作った
いろんな顔がズラリ！

マーブル粘土の小物入れ

案・製作／尾田芳子

ひろってくるもの

どんぐり

ほかの材料
小枝、木の実など、
軽量紙粘土、
ヨーグルトなどの空き容器

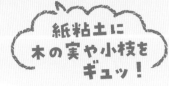

紙粘土に
木の実や小枝を
ギュッ！

この木、どんな木？

案・製作／アトリエ自遊楽校　渡辺リカ

ひろってくるもの

小枝

ほかの材料
柄入り折り紙、
画用紙

すてきな枝を見つけて
紙の葉っぱをちりばめよう

作り方　マーブル粘土の小物入れ

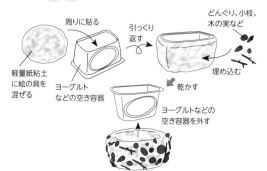

周りに貼る

軽量紙粘土
に絵の具を
混ぜる

ヨーグルト
などの空き容器

引っくり
返す

どんぐり、小枝、
木の実など

埋め込む

乾かす

ヨーグルトなどの
空き容器を外す

作り方　この木、どんな木？

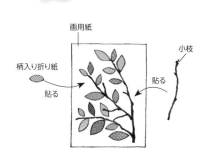

画用紙

柄入り折り紙

貼る

小枝

貼る

28

自然物の おうち形フォトフレーム

案・指導／松田美佳（京都・うりゅう保育園園長）
製作／町田里美

秋の思い出を
キュートに
残しちゃお！

ひろってくるもの

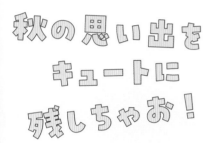

どんぐり　　まつぼっくり　　落ち葉

ほかの材料

小枝、木の実など、片段ボール、
子どもの写真、
図書フィルム、色画用紙

作り方　　自然物のおうち形フォトフレーム　　型紙 P67

1 中央を切り抜いた片段ボールに、強力な両面テープを貼る。図書フィルム2枚に子どもの写真を挟んで、裏から貼る。どんぐりや落ち葉などを用意する。

2 片段ボールに、自然物を自由に貼る。

3 三角形や出窓形に切った色画用紙（名前を書く）を、屋根のように作品に貼る。

図書フィルムは空気が入らないように貼り合わせてから（ラミネート加工でもOK）、片段ボールに合わせて切ろう。

カラフルペイントの ボトル飾り

案・製作／くまがいゆか

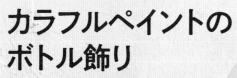

みく

型紙 P67

ひろってくるもの

どんぐり　まつぼっくり

ほかの材料
小枝、小石、
500mLのペットボトル、
色画用紙

カラフルな小石が自然物とマッチ

作り方

500mLのペットボトルを
半分に切る

切り口をセロハン
テープで保護する

絵の具を
塗った小石

入れる

色画用紙
に書く

上半分を
かぶせる

入れる

みく

2か所に
切り込みを入れる

すぼめてホッチ
キスで留める

どんぐりや
まつぼっくり

小枝

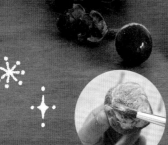

point 濃いめに溶いた
絵の具で、
色鮮やかに仕上げよう。

30

クラフト紙＆まつぼっくりの ビッグリース

案・製作／山下味希恵

ひろってくるもの

まつぼっくり

ほかの材料

クラフト紙、毛糸、
ボンテン、ラッカー、
ビーズ、糸

ビーズで
デコって
アクセントに！

ボタンや
ビーズで
キュート♪

ちぎり貼り 三角リース

案・製作／メイプル

ひろってくるもの

どんぐり

ほかの材料

木の実など、柄入り折り紙、折り紙、
ボタン、ウッドビーズ、
白い片段ボール、リボン

作り方 クラフト紙＆まつぼっくりのビッグリース

毛糸

毛糸を巻く

クラフト紙を握っ
て輪にし、セロハ
ンテープで巻く

結び付ける

貼る

ボンテン

糸

ビーズを
木工用接着剤
で貼る

まつぼっくりにラッカーなどで着色する

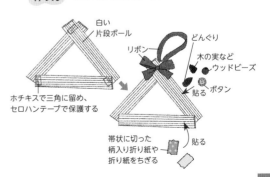

作り方 ちぎり貼り三角リース

白い
片段ボール

リボン

どんぐり

木の実など

ウッドビーズ

貼る ボタン

ホチキスで三角に留め、
セロハンテープで保護する

帯状に切った
柄入り折り紙や
折り紙をちぎる

貼る

超高層?! どんぐりマンション

案・製作／宮地明子

ひろってくるもの
どんぐり

ほかの材料
色画用紙、布クラフトテープ、
エアーパッキング、
マスキングテープ、
ビニールテープ、丸シール

屋根まで貼れるかな？

真ん中の接着面に、
どんぐりを貼って
積み上げて。

小枝の線路

案・製作／宮地明子

ひろってくるもの
小枝

ほかの材料
色画用紙、画用紙、片段ボール、
マスキングテープ、紙テープ

作り方　超高層?! どんぐりマンション　型紙 P68

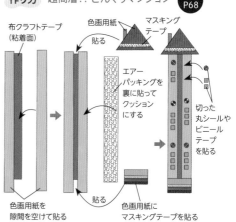

布クラフトテープ
（粘着面）

色画用紙
貼る

マスキングテープ

エアー
パッキングを
裏に貼って
クッション
にする

切った
丸シールや
ビニール
テープ
を貼る

色画用紙を
隙間を空けて貼る

貼る

色画用紙に
マスキングテープを貼る

三角屋根の
どんぐりさんのおうち

案・製作／藤沢しのぶ

落ち葉の
屋根が
あったかそう

ひろってくるもの

どんぐり　落ち葉

ほかの材料

小枝、紙コップ、
色画用紙、
段ボール板

point

小枝を
両面テープなどで
紙テープに貼って線路に！

どんどん長くしちゃお！

作り方　小枝の線路　型紙 P68

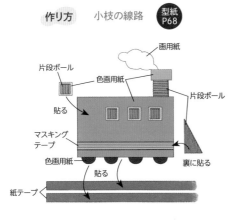

片段ボール

画用紙

色画用紙

貼る

マスキング
テープ

色画用紙

貼る

紙テープ

片段ボール

裏に貼る

作り方　三角屋根のどんぐりさんのおうち

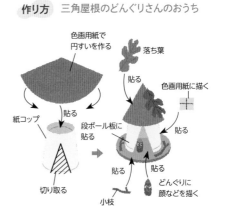

色画用紙で
円すいを作る

落ち葉

貼る

色画用紙に描く

紙コップ

段ボール板に
貼る

貼る

切り取る

小枝

貼る

貼る

どんぐりに
顔などを描く

どんぐりたちがかくれんぼ
葉っぱの森

案・製作／アトリエ自遊楽校 渡辺リカ

ひろってくるもの

どんぐり　落ち葉

ほかの材料
コピー用紙、
カラー工作用紙、
段ボール板

point

段ボール板に切り込みを入れて、
木を自立させよう。

フロッタージュの落ち葉が色鮮やかな森に！

作り方

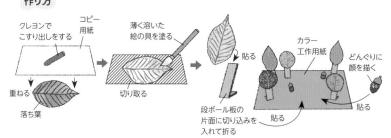

クレヨンで
こすり出しをする　コピー用紙

重ねる
落ち葉

薄く溶いた
絵の具を塗る

切り取る

貼る

段ボール板の
片面に切り込みを
入れて折る

カラー
工作用紙

どんぐりに
顔を描く

貼る

貼る

かざろう

季節に合わせた部屋飾りで保育室を彩りましょう。
保育者が作る、かわいさいっぱいのアイテムや
すてきな飾りを紹介します。

お菓子の家ふう 木の実のおうち

案・製作／丸林佐和子

ひろってくるもの
どんぐり　まつぼっくり

ほかの材料
木の実など、小枝、
段ボール板、板、
包装紙、紙粘土

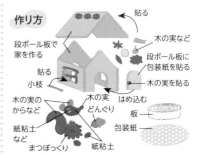

作り方
貼る
木の実など
段ボール板で家を作る
段ボール板に包装紙を貼る
貼る
小枝
木の実を貼る
木の実
木の実のからなど
どんぐり
はめ込む
板
紙粘土など
まつぼっくり
紙粘土
包装紙

いろんな木の実で
おいしそうに
飾ろう！

横から見ると

point

側面には、段ボール板を切り抜い
て小枝を貼った窓が。

ころころ日付の
どんぐりカレンダー

案・製作／大滝玲子

ひろってくるもの

どんぐり　まつぼっくり　落ち葉

ほかの材料

くり、小枝、木の実など、
くぬぎなどの帽子、花芯、
色画用紙、段ボール板、
片段ボール

作り方

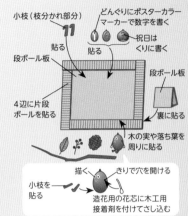

小枝（枝分かれ部分）

11

どんぐりにポスターカラー
マーカーで数字を書く

貼る

貼る

祝日は
くりに書く

段ボール板

4辺に片段
ボールを貼る

段ボール板

裏に貼る

木の実や落ち葉を
周りに貼る

小枝を
貼る

描く

きりで穴を開ける

造花用の花芯に木工用
接着剤を付けてさし込む

※全て木工用接着剤で貼る

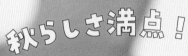

秋らしさ満点！

秋の恵みを
いただきま〜す♪

point

えびフライの
しっぽは、
色画用紙を折って、
立体感アップ！

point

色画用紙や自然物の
組み合わせ方で、
より本物らしく！

おいしそう！秋のカラフル弁当

案・製作／アトリエ自遊楽校 渡辺リカ

ひろってくるもの

どんぐり　まつぼっくり　落ち葉

ほかの材料

くぬぎなどの帽子、小枝、えのころぐさ、
いちょうの葉などの自然物、つまようじ、
色画用紙、空き箱、アルミカップ、
お弁当用カップ、包装紙

作り方 型紙 P68

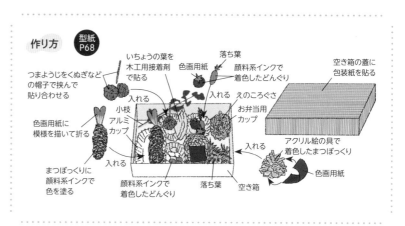

つまようじをくぬぎなどの帽子で挟んで貼り合わせる

いちょうの葉を木工用接着剤で貼る

色画用紙

落ち葉

顔料系インクで着色したどんぐり

空き箱の蓋に包装紙を貼る

入れる

小枝　アルミカップ

えのころぐさ

お弁当用カップ

色画用紙に模様を描いて折る

入れる

アクリル絵の具で着色したまつぼっくり

入れる

まつぼっくりに顔料系インクで色を塗る

顔料系インクで着色したどんぐり

落ち葉

空き箱

色画用紙

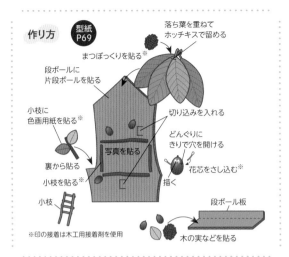

作り方 型紙 P69

落ち葉を重ねてホッチキスで留める

まつぼっくりを貼る※

段ボールに片段ボールを貼る

小枝に色画用紙を貼る※

切り込みを入れる

どんぐりにきりで穴を開ける

写真を貼る

裏から貼る

花芯をさし込む※

小枝を貼る※

描く

小枝

段ボール板

※印の接着は木工用接着剤を使用

木の実などを貼る

どんぐりハウスのフォトフレーム

案・製作／大滝玲子

ひろってくるもの

どんぐり　まつぼっくり　落ち葉

ほかの材料

小枝、木の実など、花芯、片段ボール、段ボール板、色画用紙

大切な思い出をあたたかく演出

顔を描いたらさらにかわいい♥

point

切り込みを入れるので、薄手の片段ボールを使うのがこつ。

いちょうの小鳥の巣

案・製作／ピンクパールプランニング

葉っぱの厚みで
ふんわり
仕上がる！

ひろってくるもの

落ち葉

ほかの材料

いちょうの葉、小枝、
色画用紙、スパンコール

ころころまつぼっくりの
だちょう＆はりねずみ

案・製作／アトリエ自遊楽校 渡辺リカ

point

まつぼっくりの隙間に
綿棒を3本さし込んで
立たせよう。

ひろってくるもの

まつぼっくり

ほかの材料

色画用紙、綿棒、
モール、丸シール、
ビニタイ

point

足は、モールと
丸シールでポップに！

40

ちぎり貼りのどんぐリバスケット

案・製作／RanaTura. 上田有規子

バスケット形にして秋らしいあしらいを

ひろってくるもの

どんぐり

ほかの材料
カップ麺の空き容器、
色画用紙

point

ちぎった色画用紙を
もんでしわをつけて貼り、
あたたかい印象に。

作り方　いちょうの小鳥の巣　型紙P68

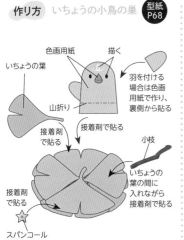

色画用紙

描く

羽を付ける
場合は色画
用紙で作り、
裏側から貼る

いちょうの葉

山折り

接着剤
で貼る

接着剤で貼る

小枝

いちょうの
葉の間に
入れながら
接着剤で貼る

接着剤
で貼る

スパンコール

作り方　ころころまつぼっくりのだちょう＆はりねずみ

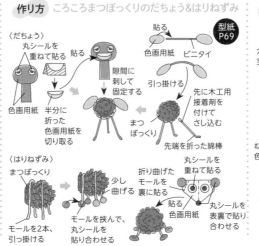

〈だちょう〉

丸シールを
重ねて貼る

貼る

貼る
色画用紙　ビニタイ

引っ掛ける

隙間に
刺して
固定する

色画用紙

半分に
折った
色画用紙を
切り取る

先に木工用
接着剤を
付けて
さし込む

まつ
ぼっくり

先端を折った綿棒

型紙P69

〈はりねずみ〉

まつぼっくり

少し
曲げる

折り曲げた
モールを
裏に貼る

丸シールを
重ねて貼る

貼る
色画用紙

丸シールを
表裏に貼り
合わせる

モールを2本、
引っ掛ける

モールを挟んで、
丸シールを
貼り合わせる

作り方　ちぎり貼りのどんぐリバスケット

ちぎって
しわをつけた
色画用紙を貼る

カップ麺の
空き容器

色画用紙を
2枚重ねる

切り取る

ねじった
色画用紙

広げて
貼る

細く切った
色画用紙

貼る

ふわふわ雪のリース

案・製作／RanaTura.上田有規子

真っ白なリースにどんぐりがキラーン

型紙
P71

ひろってくるもの

どんぐり　まつぼっくり

ほかの材料

サンキライの実、色画用紙、
アルミワイヤー、綿、リボン、
丸シール、てぐす、スノースプレー

作り方

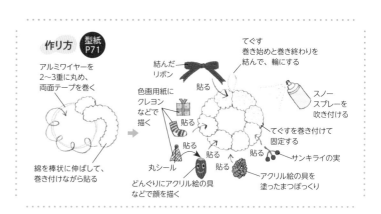

アルミワイヤーを
2〜3重に丸め、
両面テープを巻く

綿を棒状に伸ばして、
巻き付けながら貼る

結んだ
リボン

色画用紙に
クレヨン
などで
描く

貼る

丸シール

どんぐりにアクリル絵の具
などで顔を描く

貼る

貼る

てぐす
巻き始めと巻き終わりを
結んで、輪にする

スノー
スプレー
を吹き付ける

てぐすを巻き付けて
固定する

サンキライの実

アクリル絵の具を
塗ったまつぼっくり

まつぼっくりのキラキラバスケット

案・製作／尾田芳子

ひろってくるもの

どんぐり　まつぼっくり

ほかの材料

小枝、軽量紙粘土、ボンテン、毛糸、
スチロール製の丼容器、片段ボール、
リボン、ワイヤー

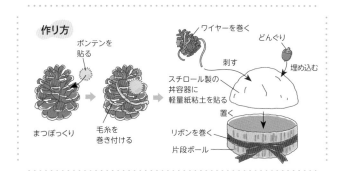

作り方

ボンテンを貼る

まつぼっくり

毛糸を巻き付ける

ワイヤーを巻く

どんぐり

刺す

埋め込む

スチロール製の丼容器に軽量紙粘土を貼る

置く

リボンを巻く

片段ボール

たくさんのミニツリーを
バスケットにつめて

point

ミニツリーはボンテンを貼り、
毛糸を巻いて飾りつけ。
子どもが作っても楽しい！

point

土台の軽量紙粘土に、
どんぐりを隙間なく埋め込んで。

43

まつぼっくりの
フラッグガーランド

案・製作／山口みつ子

ひろってくるもの

まつぼっくり

ほかの材料

布、リボン、麻ひも

point

同系色のいろいろな模様のはぎれを
たくさん結んで、にぎやかに！

布のガーランドで
おしゃれ度アップ！

みのむしくんの
まん丸ボード

案・製作／山下味希恵

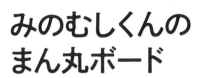

ひろってくるもの

どんぐり　まつぼっくり　落ち葉

ほかの材料

小枝、木の実など、
どんぐりやくぬぎの帽子、
段ボール板、ホワイトボードシート、
毛糸、布、フェルト、英字新聞紙、
ひも、軽量紙粘土

point

胴体部分に小さく切ったフェルトや布、
英字新聞紙などを貼って、
すてきなみのむしのできあがり！

**カラフルみのむしくんが
アクセント**

おしらせ

ペットボトルを
集めています。

作り方　まつぼっくりのフラッグガーランド

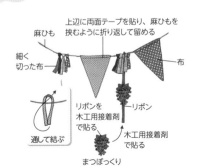

麻ひも

細く
切った布

上辺に両面テープを貼り、麻ひもを
挟むように折り返して留める

布

リボンを
木工用接着剤
で貼る

リボン

通して結ぶ

木工用接着剤
で貼る

まつぼっくり

作り方　みのむしくんのまん丸ボード

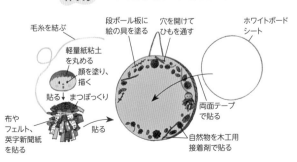

毛糸を結ぶ

軽量紙粘土
を丸める

顔を塗り、
描く

貼る↓まつぼっくり

布や
フェルト、
英字新聞紙
を貼る

段ボール板に
絵の具を塗る

穴を開けて
ひもを通す

ホワイトボード
シート

貼る

両面テープ
で貼る

自然物を木工用
接着剤で貼る

ゆらゆらりすの
つり飾り

案・製作／丸林佐和子

ひろってくるもの

どんぐり　まつぼっくり

ほかの材料

木の実など、
軽量紙粘土、
麻ひも

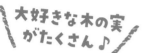

大好きな木の実
がたくさん♪

point

木工用接着剤で、
麻ひもに木の実を貼る。
りすの目や手、しっぽは
軽量紙粘土で。

くるくるつるの
秋の窓枠飾り

案・製作／くるみれな

ひろってくるもの

どんぐり　まつぼっくり

ほかの材料

色画用紙、紙ひも、アルミホイル、
片段ボール、フェルト、毛糸

point

紙ひも4本を、たわませながら、
三つ編みにすると、
植物のつるのよう！
片段ボールやどんぐり、
アルミホイルの実で飾ろう！

型紙
P70

作り方

アルミホイル
油性ペン
で塗る

毛糸を挟んで
フェルトを
貼り合わせる

丸めて貼る
色画用紙

まつぼっくりに
結ぶ

外の景色もすてきに見えそう！

あそぼう

秋の自然物を取り入れた遊びや
手作りおもちゃのアイデアを紹介します。
身近な秋を思いっきり楽しみましょう。

木の実でおみこし?!

案・指導／須貝京子

ひろってくるもの

どんぐり　まつぼっくり　落ち葉

ほかに用意するもの
透明のテーブルクロス

遊び方

1. 透明のテーブルクロスに自然物を集め、みんなで持ちます。

2. 保育者の合図でタイミングを合わせて空中に飛ばします。

せーの！

わぁー飛んだ！

ワッショイ！

カサカサ　トンパラ　音がするよ！

透けておもしろい！
透明のテーブルクロスの下に潜り、自然物が舞う姿を見上げても楽しい！

point

「いろいろな色の落ち葉も実も集まって秋のお祭りみたい」「みんなでワッショイワッショイ！」などと声をかけましょう。

宝を探せ！

案・指導／須貝京子

ひろってくるもの

どんぐり　まつぼっくり　落ち葉

ほかに用意するもの
小枝、宝（カラーボールなど）

遊び方

1. 3〜5人のチームを作り、2チームで対戦します。

2. 一方のチームが、自然物を使った山を3つ作り、そのうちの1つにカラーボールなどの宝を隠します。

3. 相手チームは、宝を隠した山を1つ選びます。

4. 選んだ山の自然物を取っていき、宝が隠れているかどうかを探します。

釣れたよー

これを
釣りたい！

木の枝の
釣りざおで
秋を釣ろう♪

point

スズランテープの長
さを調節したり、布ク
ラフトテープの貼り方
を試したりして、釣り
やすく工夫しよう。

秋の実り、釣れるかな？

案・指導／須貝京子

ひろってくるもの
どんぐり　まつぼっくり　落ち葉

ほかに用意するもの
小枝、ブルーシート、
スズランテープ、布クラフトテープ

遊び方

① 広げたブルーシートに、落ち葉、小枝、
どんぐり、まつぼっくりを置きます。

② 別の小枝の先に、長さ約30cmのスズ
ランテープを結びます。

③ スズランテープの先端に丸めた布クラ
フトテープを貼り、自然物をくっつけて
釣り上げて遊びます。

どんぐり いくつ？

案・指導／須貝京子

ひろってくるもの

どんぐり

ほかに用意するもの
どんぐりを入れるかごなど

遊び方

① かごなどにどんぐりをたくさん入れ、後ろに置きます。

② 2人組で向かい合い、片手を後ろに回してどんぐりを
つかみます。

③ 「どんぐりころころ いーくつ？」と言って、つかんだ手
を出し、相手が持っている数を当てます。手を開いて
当たった人の勝ち。相手のどんぐりをもらえます。

アレンジ

チーム戦で行ったり、つかんだ数
の多さを競ったり、同じ数を出し
てみたり、いろいろなルールで楽
しもう！

まつぼっくりボールで
パターゴルフゲーム

案・製作／宮地明子

ひろってくるもの

まつぼっくり

ほかの材料
牛乳パック、毛糸、
ビニールテープ

入れ〜！

よ〜く狙って
カップにイン!

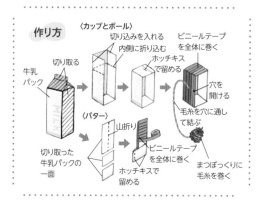

作り方

牛乳パック

〈カップとボール〉
切り取る
切り込みを入れる
内側に折り込む
ホッチキスで留める
ビニールテープを全体に巻く
穴を開ける
毛糸を穴に通して結ぶ
まつぼっくりに毛糸を巻く

〈パター〉
切り取った牛乳パックの一面
山折り
ホッチキスで留める
ビニールテープを全体に巻く

様子を見て、毛糸の長さを調節しよう。

アレンジ

牛乳パックを両手で持てば、
簡単なけん玉にも。

どんぐり
すごろくゲーム

案・製作／いわいざこまゆ

ほかの材料

段ボール板、カラー工作用紙、
カラー紙粘土、色画用紙、
柄入り折り紙、
キラキラしたテープ、
柄入りテープ、
乳酸菌飲料などの空き容器

**どんぐりスタンプの
マス目だから
どんぐりのこまが
ジャストフィット♪**

遊び方

数字を書いたどんぐりを
入れて転がし、さいころ
のように使います。出た
目の数で進んでゴール！

point

乳酸菌飲料の空き容器
にキラキラしたテープな
どを貼って飾ろう！

作り方　型紙 P71

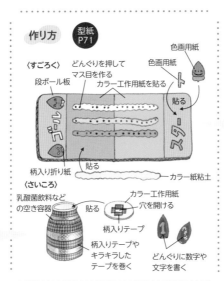

〈すごろく〉

段ボール板
どんぐりを押して
マス目を作る
カラー工作用紙を貼る
色画用紙
色画用紙
貼る
スタート
柄入り折り紙
貼る
カラー紙粘土

〈さいころ〉

乳酸菌飲料など
の空き容器
貼る
カラー工作用紙
穴を開ける
柄入りテープ
柄入りテープや
キラキラした
テープを巻く
どんぐりに数字や
文字を書く

ぎゅっ

紙粘土が軟らかいうちに、どんぐ
りをぎゅっと押してマス目を作ろ
う。マスの数は全コース同じに。

どんぐりに顔を描いて、
こまに！

ストローの鉄棒で

じょうずに くるくるりん♪

くるくる

次は、何回転 できるかな〜

まつぼっくるりん

案・製作／アトリエ自遊楽校 渡辺リカ

ひろってくるもの

まつぼっくり

ほかの材料
色画用紙、モール、
ウッドビーズ、毛糸、
太めのストロー、丸シール

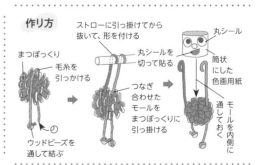

作り方

まつぼっくり

毛糸を
引っかける

の
ウッドビーズを
通して結ぶ

つなぎ
合わせた
モールを
まつぼっくりに
引っ掛ける

ストローに引っ掛けてから
抜いて、形を付ける

丸シールを
切って貼る

丸シール

筒状
にした
色画用紙

モール
を内側
に
通して
おく

どんぐりを転がして
高得点を狙おう!

行けー!

小枝を貼り、障害物に。
太さや貼る位置によって難易度も変わるよ。

どんぐりころりんレース

案・製作／山口みつ子

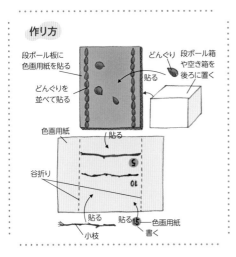

作り方

段ボール板に
色画用紙を貼る

どんぐり

段ボール箱
や空き箱を
後ろに置く

貼る

どんぐりを
並べて貼る

色画用紙

貼る

谷折り

貼る   貼る   15   色画用紙
                    書く

小枝

ひろってくるもの

どんぐり

ほかの材料

小枝、色画用紙、
段ボール板、
段ボール箱や空き箱

遊び方

段ボール板のコースとゴールの色
画用紙に、障害物となるどんぐり
や小枝を貼ります。
どんぐりを転がして、得点を競い
ましょう。

5〜4歳児

どんぐりどこどこ？

案／キッズスマイルカンパニー　イラスト／浅羽ピピ

ひろってくるもの

どんぐり

ねらい　秋の自然物を使って、集団遊びを楽しむ。

あれ？

point

リズムに合わせて
手を動かし、
おにを惑わせよう。

遊び方

❶ 1人がどんぐりを手の中に隠します。円になって
座り、おには円の中央に立ちます。

❷ 「どんぐりころころ」（作詞／青木存義、作曲／
梁田 貞）の歌に合わせて、時計回りにどんぐり
を回します。

❸ おには、歌が終わったときに誰がどんぐりを
持っているのかを当てます。

落ち葉を運ぼう

案／キッズスマイルカンパニー　イラスト／浅羽ピピ

ねらい　秋の自然あふれる戸外で、友達と協力する遊びを楽しむ。

ひろってくるもの
落ち葉

ほかに用意するもの
新聞紙

どちらのチームがたくさん運べるかな？

難しい！

うわぁ

落ち葉を集めた「落ち葉コーナー」

新聞紙を4〜5枚重ねます。

落ち葉置き場

スタート

準備

落ち葉を集めて「落ち葉コーナー」を作り、さらに10m程離れた場所にスタート地点を作ります。

遊び方

❶　2チームに分かれて2人1組になって並び、新聞紙を持って「落ち葉コーナー」へ落ち葉をすくいに行きます。

❷　落ち葉をできるだけたくさんすくい、自分のチームの落ち葉置き場まで運んだら、次のペアに新聞紙を渡して交代。

❸　たくさん落ち葉を運んだチームの勝ちです。

落ち葉と仲よしリレー

案／須貝京子　イラスト／坂本直子

ひろってくるもの

落ち葉

ほかに用意するもの

コーン

ねらい
物を載せたまま動く遊びを通して、バランス感覚を養う。

物を落とさないように動くなかで、集中力を養う。

スタート
＆
ゴール

遊び方

❶ 好きな落ち葉をそれぞれ1枚選び、頭の上に載せます。落ち葉を落とさないように歩き、慣れてきたら、肩や腕、おでこなど、頭以外の場所に落ち葉を載せて同様に遊びます。

❷ 落ち葉を載せる場所を各自決めたら、1チーム5〜6人のチームになり、リレー形式で遊びます。落ち葉を載せてスタートし、コーンを折り返して次の人にバトンタッチ。一番早く全員がゴールしたチームの勝ちです。

秋の音を聞いてみよう

案／アトリエ自遊楽校 渡辺リカ　イラスト／野田節美

ひろってくるもの
どんぐり　落ち葉

ほかに用意するもの
さつまいも、小枝、
段ボール箱、机

point
あらかじめ子どもたちに、
中に入れるものを
見せておこう。

ねらい
秋の実りや自然物に興味をもち、
遊びに発展させる。
　　　　　　　　　　　　　　　　
目を閉じて、耳を澄ませる活動を
通して集中力を養う。

遊び方

❶ 子どもたちは目を閉じます。保育者は、落ち葉、どんぐり、さつまいも、小枝の中から1つ
　を選んで段ボール箱に入れ、振って音を出します。

❷ 子どもたちは目を開けて、中に何が入っているのか、1人ずつ発表します。
　発表し終わったら、保育者は箱の中から中身を取り出し、子どもたちに見せます。

3～2歳児 どんぐりコロコロボウリング

案／高崎はるみ　イラスト／常永美弥

ひろってくるもの
どんぐり

ほかに用意するもの
どんぐりボトル、
新聞紙ボール

ねらい この季節ならではの
おもちゃを作って遊ぶ。

何本
倒れるかなー

えいっ

たくさん
倒れたね
おめでとう！

やったー

カラ　カラ　カラ　カラ

準備

● 床にビニールテープで円を作り、その中に
どんぐりボトルを10本立てます。

● 円から3～5mくらい離れた所に、ビニー
ルテープのラインを1本作ります。

遊び方

❶ ラインの手前に立ち、新聞紙ボールを転
がしてどんぐりボトルを倒します。

❷ 倒れたどんぐりボトルをみんなで戻して、
次の人に交代。

作り方

〈どんぐりボトル〉

いろいろな大きさ
のペットボトルに、
どんぐりを10個く
らい入れた物を10
本作る。

ペットボトル

どんぐり

〈新聞紙ボール〉

新聞紙

ビニールテープ

新聞紙をドッジボールくらい
の大きさに丸め、茶色のビ
ニールテープを巻きつける。

落ち葉のくじ屋さん

案／すかんぽ　イラスト／ヤマハチ

ひろってくるもの
落ち葉

ほかに用意するもの
当たり用シール
（★●など）

ねらい
友達とのやりとりのなかで、簡単なルールを知る。
役になることを楽しむ。

アレンジ
当たりが出たら、なにかプレゼントを渡しても。

遊び方

❶ お店屋さん役とお客さん役に分かれ、お店屋さん役は、何枚かの落ち葉に当たり用シールを貼り、シールを下に向けて落ち葉を広げて置きます。

❷ お客さん役が来たら、落ち葉をめくってもらいます。当たりが出たら、「おめでとうございます！」とお店屋さん役が声をかけるなど、役になることを楽しんで、やりとりをしていきます。

どこどこ まつぼっくり

案／浅野ななみ　イラスト／坂本直子

ひろってくるもの

まつぼっくり

ほかに用意するもの
新聞紙、
箱（見つけたまつぼっくりを入れる物）

ねらい
季節の自然物に親しむ。
当たり外れのある遊びを楽しむ。

まつぼっくり
あったね

あった〜

point
まつぼっくりの入っていない新聞紙も、まつぼっくりが入っていそうな感じにふんわりと置こう！

ない〜

あるかな？

アレンジ
集めたまつぼっくりで、ままごとなどを楽しんでも♪

準備

保育者は、床にまつぼっくりを散らし、上から小さく切った新聞紙をかぶせます。このとき、まつぼっくりの入っていない新聞紙も作っておきます。

遊び方

新聞紙をめくってまつぼっくりを探します。まつぼっくりを見つけたら、中央に置いた箱に入れます。

まつぼっくりで遊ぼう

案／宗藤純子　イラスト／ささきともえ

ひろってくるもの

まつぼっくり

ほかに用意するもの
段ボール箱、空き箱、ミルク缶

 ねらい 指先を使った遊びを通して、季節の自然物に親しむ。

遊び方

いろいろな大きさのまつぼっくりを滑り台に落として、転がる様子を楽しみます。

クラフトテープで壁に固定

コロコロ〜

段ボール箱

切り開いた段ボール箱で坂を作る

ポットン！
さっきと音が違うね

遊び方

まつぼっくりを入れて遊びます。入れる穴によって、音の違いも楽しめます。

♪カラン

段ボール箱にまつぼっくりが入るくらいの穴を開ける

中に空き箱やミルク缶を入れる

すぐに使えて便利！

コピー用型紙集

型紙
P00

このマークが付いている作品の型紙です。コピーしてご利用ください。

P.10

封筒でポケット形みのむし

顔

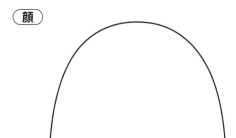

P.10

落ち葉ライオンのお面

顔

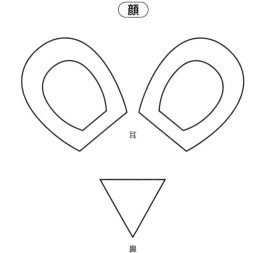

耳

鼻

P.15

まつぼっくり人形

手

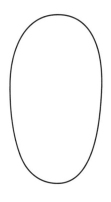

P.16

落ち葉のブーケ

葉

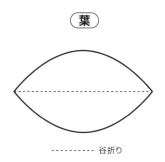

- - - - - - - - - 谷折り

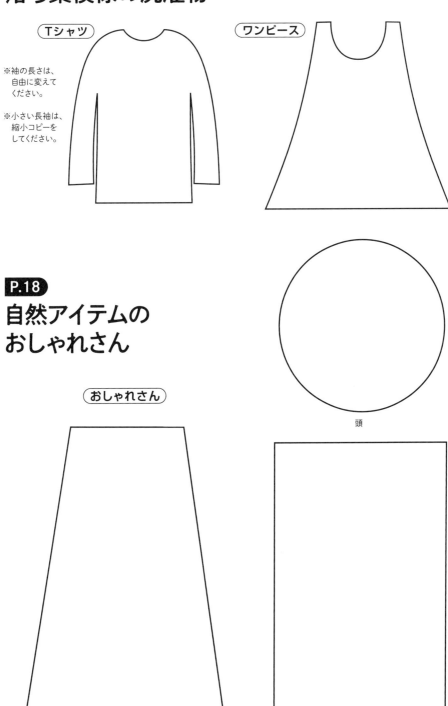

P.17

落ち葉模様の洗濯物

〔Tシャツ〕　　〔ワンピース〕

※袖の長さは、
　自由に変えて
　ください。

※小さい長袖は、
　縮小コピーを
　してください。

P.18

自然アイテムの
おしゃれさん

〔おしゃれさん〕

頭

体①　　　体②

P.19

りすさんも大好き?! お弁当

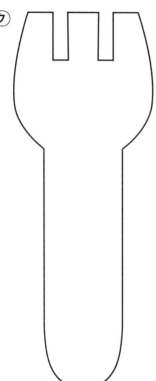

フォーク

P.23

ハタハタ葉っぱ

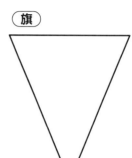

旗

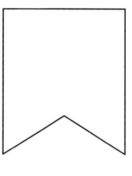

P.26

押し葉の透かしつり飾り

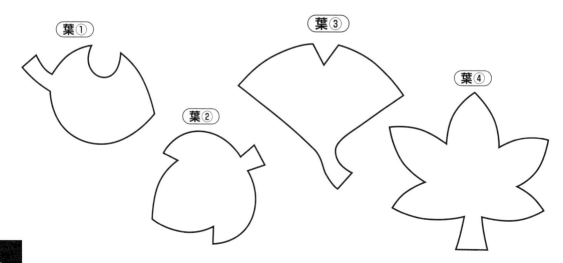

葉①

葉②

葉③

葉④

P.29

自然物の
おうち形フォトフレーム

屋根

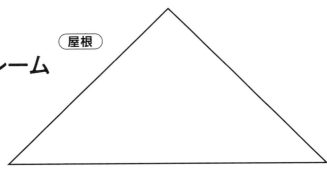

出窓

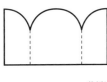

- - - - - - - - 谷折り

フレーム

切り抜く

P.30

カラフルペイントの
ボトル飾り

小鳥の名札

P.32
超高層?! どんぐりマンション

（どんぐりマンション）

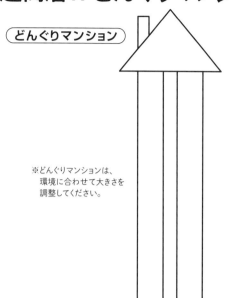

※どんぐりマンションは、
　環境に合わせて大きさを
　調整してください。

P.32〜33
小枝の線路

（電車）

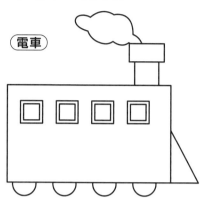

P.38
おいしそう! 秋のカラフル弁当

（トマトのへた）　　（えびフライのしっぽ）

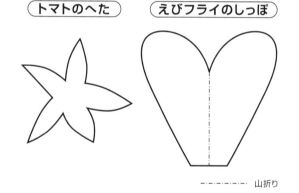

―――――― 山折り

P.40
いちょうの小鳥の巣

（小鳥①）

体
右羽　　　　左羽

（小鳥②）

（小鳥③）

―――――― 山折り

どんぐりハウスのフォトフレーム

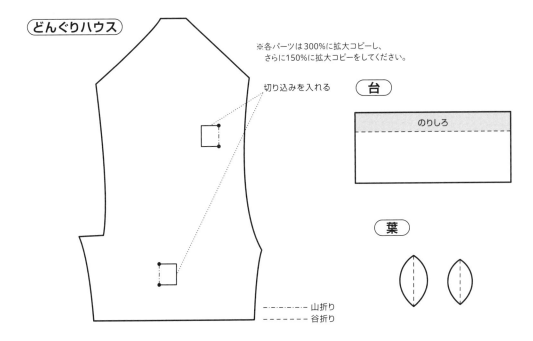

どんぐりハウス

※各パーツは300%に拡大コピーし、
　さらに150%に拡大コピーをしてください。

切り込みを入れる

台

のりしろ

葉

―・―・―・― 山折り
―――――― 谷折り

ころころまつぼっくりのだちょう＆はりねずみ

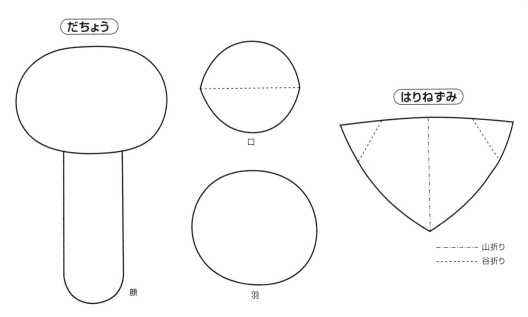

だちょう

口

はりねずみ

顔

羽

―・―・―・― 山折り
―――――― 谷折り

P.41

ちぎり貼りのどんぐりバスケット

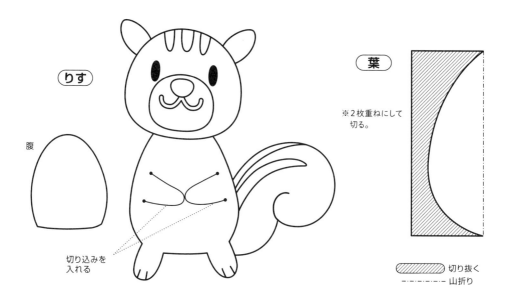

りす

腹

切り込みを
入れる

葉

※2枚重ねにして
切る。

〰〰〰 切り抜く

─ ‧ ─ ‧ ─ 山折り

P.46

くるくるつるの秋の窓枠飾り

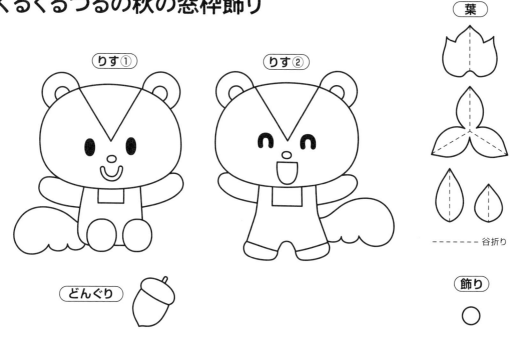

りす①

りす②

どんぐり

葉

‧ ‧ ‧ ‧ ‧ 谷折り

飾り

P.42

ふわふわ雪のリース

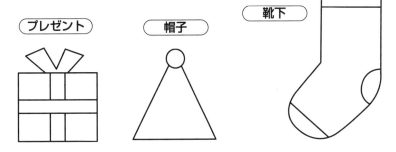

プレゼント
帽子
靴下

P.53

どんぐりすごろくゲーム

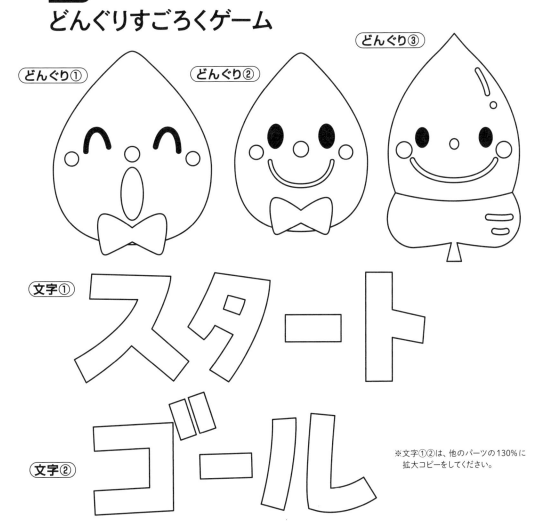

どんぐり③
どんぐり①
どんぐり②
文字①
文字②

※文字①②は、他のパーツの130%に
拡大コピーをしてください。

案・製作
RanaTura. 上田有規子、浅野ななみ、アトリエ自遊楽校 渡辺リカ、いわいざこまゆ、大滝玲子、尾田芳子、上島佳代子、キッズスマイルカンパニー、くまがいゆか、くるみれな、須貝京子、すかんぽ、高崎はるみ、ピンクパールプランニング、藤沢しのぶ、町田里美、松田美佳（京都・うりゅう保育園）、丸林佐和子、宮地明子、宗藤純子、メイプル、山口みつ子、山下味希恵

写真撮影
岩間史朗、榎本 功、小山志麻、林 均、正木達郎、安田仁志、ピクスタ株式会社

カバー・もくじ・本文 イラスト
北村友紀

イラスト
浅羽ピピ、坂本直子、ささきともえ、常永美弥、野田節美、ヤマハチ

作り方イラスト
天田よう、おおしだいちこ、河合美穂、内藤和美、みつき、八十田美也子、わたいしおり

表紙・本文デザイン	坂野由香、石橋奈巳（株式会社リナリマ）
型紙トレース	奏クリエイト、プレーンワークス
キッズモデル協力	有限会社クレヨン
本文校正	有限会社くすのき舎
編集協力	東條美香
編集	時岡桃子

POTブックス 保育で楽しむ
どんぐり 落ち葉 まつぼっくり 製作＆あそび

2021年8月 初版第1刷発行

編者	ポット編集部
発行人	大橋 潤
編集人	西岡育子
発行所	株式会社チャイルド本社
	〒112-8512 東京都文京区小石川5-24-21
電話	03-3813-2141（営業） 03-3813-9445（編集）
振替	00100-4-38410
印刷・製本	共同印刷株式会社

©CHILD HONSHA CO.,LTD. 2021 Printed in Japan
ISBN978-4-8054-0306-8
NDC376 24×19cm 72P

チャイルド本社の
ウェブサイト
https://www.childbook.co.jp/
チャイルドブックや保育図書の情報が
盛りだくさん。どうぞご利用ください。

本書の型紙を含むページをコピーして頒布・販売
すること、及びインターネット上で公開することは、
著作権者及び出版社の権利の侵害となりますの
で、固くお断りします。